Var är sinnet?
Låt oss leta tillsammans
tills vi hittar sinnet.
Sinnet, var är du?
Jag letar efter dig.

Är sinnet i mitt knä?

Finns sinnet i mitt huvud?

Titta på stjärnorna på natten.

Åkte ditt sinne till stjärnorna?
Åkte ditt sinne till stjärnorna
och kom tillbaka?

Vad ser du?

Titta på ditt sinne
med ditt sinne!

Sinnet står stilla precis som himlen.
Tankar och känslor är som
en regnbåge på himlen.
Nu kommer regnbågen fram...

...nu försvinner regnbågen.
Sinnet står stilla precis som himlen.

...bilarna och lastbilarna?
Blev sinnet krossat av de snabba
bilarna och lastbilarna?

Nej!
Sinnet är osynligt,
det kan inte skadas
eller krossas!

Sinnet kan inte störas eller skadas av någonting, precis som rymd.

När du kastar en boll eller ett svärd ut i rymd* så rör sig inte rymden. Rymden är helt stilla och tyst.

*Vad betyder rymd? När du läser ordet rymd i den här boken så betyder det allt som finns. Rymden där ute med stjärnor och

Rymden finns i allt!
Bollen och svärdet, regn,
vind och snö kan inte
ändra på rymden.

planeter, men också rymden som finns runtomkring oss precis här, och som finns i oss själva. Allt är rymd och rymd är i allting.

Våra tankar och stormiga känslor
är som en blixt på himlen
som snabbt försvinner av sig självt.

Sinnet är osynligt, det kan inte skadas eller krossas.

Alla tankar och känslor försvinner lika snabbt som en blixt på himlen.

Författaren Ziji Rinpoche och hennes lärare Wangdor Rimpoche

Ziji Rinpoche älskar att undervisa och skriva och hennes senaste bok heter 'When Surfing a Tsunami...'. Ziji Rinpoche är efterträdaren till Dzogchenlinjen efter vördnadsvärda Wangdor Rimpoche. Varje metafor och nyckelinstruktion kommer från Dzogchenläror som förs vidare från en lärare till nästa, som en gyllene bergskedja.

Wangdor Rimpoche bad Ziji Rinpoche att främja Dzogchen inom dagens globala kultur. Ziji Rinpoche skapade Short Moments onlinegemenskap för ömsesidigt stöd i att lära sig om sinnets natur. Genom appen Short Moments kan alla få tillgång till djupgående och kraftfulla Dzogchenträningar. Läs mer på http://shortmoments.com

Illustratören Celine Wright

Celine älskar att rita, stärka och stötta barn och berätta historier. När hon introducerades till sinnets natur av Ziji Rinpoche var hon förundrad över sinnets kraft, öppen som himlen, alltid klar och rik på visdom oavsett stormiga känslor. Hon insåg att hon skulle ha älskat att lära sig om sinnet som barn. Hon inspirerades att illustrera träningarna i barnböcker som introducerade starkt sinne för barn. Genom att kombinera sin konstnärliga kandidatexamen och sin masterutbildning i scenkonst med Dzogchen (student hos Ziji Rinpoche sedan 2007) och Early Years (barnskötare), undervisar Celine nu Dzogchen för barn, håller bokläsningar på skolor och festivaler och älskar att illustrera nya böcker på http://shortmomentsforkids.com

www.ingramcontent.com/pod-product-compliance
Lightning Source LLC
Chambersburg PA
CBHW041501220426
43661CB00016B/1219